BEI GRIN MACHT SICH IHR WISSEN BEZAHLT

AF144479

- Wir veröffentlichen Ihre Hausarbeit,
  Bachelor- und Masterarbeit

- Ihr eigenes eBook und Buch -
  weltweit in allen wichtigen Shops

- Verdienen Sie an jedem Verkauf

Jetzt bei www.GRIN.com hochladen und kostenlos publizieren

Anonym

Wilde Kinder. Ist der Mensch erziehungsbedürftig?

GRIN Verlag

Bibliografische Information der Deutschen Nationalbibliothek:

Die Deutsche Bibliothek verzeichnet diese Publikation in der Deutschen National-
bibliografie; detaillierte bibliografische Daten sind im Internet über http://dnb.d-
nb.de/ abrufbar.

Impressum:

Copyright © 2013 GRIN Verlag, Open Publishing GmbH
Druck und Bindung: Books on Demand GmbH, Norderstedt Germany
ISBN: 978-3-668-00643-0

Dieses Buch bei GRIN:

http://www.grin.com/de/e-book/302006/wilde-kinder-ist-der-mensch-erziehungsbe-
duerftig

GRIN - Your knowledge has value

Der GRIN Verlag publiziert seit 1998 wissenschaftliche Arbeiten von Studenten, Hochschullehrern und anderen Akademikern als eBook und gedrucktes Buch. Die Verlagswebsite www.grin.com ist die ideale Plattform zur Veröffentlichung von Hausarbeiten, Abschlussarbeiten, wissenschaftlichen Aufsätzen, Dissertationen und Fachbüchern.

Besuchen Sie uns im Internet:

http://www.grin.com/

http://www.facebook.com/grincom

http://www.twitter.com/grin_com

Eberhard Karls Universität Tübingen

Institut für Erziehungswissenschaft

Sommersemester 2013

Wilde Kinder

Ist der Mensch erziehungsbedürftig?

Studiengang: Sozialpädagogik / Pädagogik und allgemeinbildendes Fach,

4. Fachsemester

07.05.2013

Inhaltsverzeichnis

1. Einleitung

Was passiert, wenn ein Mensch von Geburt an isoliert von jeglicher menschlichen Umgebung, Gesellschaft und Erziehung lebt? Wird er sich genauso entwickeln wie Menschen, die eine Erziehung genießen durften? Wird sich in ihm eine Art Naturmensch zeigen? Welche physischen und psychischen Folgen hat dieser Mensch zu tragen? Kann er sprechen? Kann er sich genauso fortbewegen wie alle anderen Menschen auch? Wird er sich in die menschliche Gesellschaft eingliedern können? Und: Kann (und muss) er überhaupt noch erzogen werden? Diese spannenden Fragen beschäftigen die Wissenschaft bereits seit langer Zeit. Schon der ägyptische König Psammetich I. wollte beispielsweise herausfinden, ob Kinder „spontan, von sich aus eine Sprache entwickelten und welche das wäre"[1], indem er sie unter Ziegen aufwachsen ließ. Glücklicherweise sind derartige Isolationsversuche in der heutigen Zeit aus ethischen Gründen nicht möglich, dennoch tauchen in der Geschichte immer wieder Fälle von sogenannten wilden Kindern auf, an denen man die fatalen Folgen eines Lebens ohne Kontakt zu Menschen, ohne Liebe und ohne Erziehung sehen kann.

Im Folgenden soll nun zunächst auf den Begriff der Erziehung und auf den Anlage-Umwelt-Konflikt eingegangen werden. Anschließend werden allgemeine Merkmale und Verhaltensweisen von wilden Kindern erläutert, um daraufhin die Fallbeispiele von Victor von Aveyron, Genie und Kaspar Hauser zu untersuchen und zu vergleichen. Basierend auf diesen theoretischen und exemplarischen Grundlagen wird dann abschließend auf die Frage eingegangen, ob der Mensch erziehungsbedürftig ist.

2. Zum Begriff der Erziehung

Bevor man der Frage nachgeht, ob der Mensch überhaupt erziehungsbedürftig ist, muss zunächt einmal geklärt werden: Was bedeutet Erziehung überhaupt? Der Begriff der Erziehung hat ein sehr weites Verständnis; es gibt unzählige Definitionen, welche versuchen, den Begriff zu präzisieren. Meiner Auffassung zufolge findet Erziehung statt in einem pädagogischen Verhältnis zwischen dem Erzieher, einer erwachsenen Person, welche schon ausreichend Erfahrungen mit der Umwelt gesammelt hat, und einem Zögling, welcher in der Regel jünger und noch relativ unerfahren ist. Somit stimme ich Immanuel Kant in der Aussage zu, dass nur eine Person, die selbst schon erzogen ist, dazu in der Lage ist, eine andere Person zu erziehen. Erziehung findet dabei nicht nur absichtsvoll und gewollt, sondern auch unbewusst und zufällig statt. Die Aufgabe des Erziehers ist es, dem Zögling sowohl Normen und Werte, als auch Gefahren und Grenzen aufzuzeigen. Der Erzieher hat meiner Meinung nach die Aufgabe, die Entwicklung des Zöglings – beispielsweise hinsichtlich der sprachlichen, motorischen oder kognitiven Fähigkeiten – sowie dessen Selbstständigkeit zu unterstützen und zu fördern. Für den Zögling ist er ein Begleiter auf dem Weg

---

[1] Zimmer 1989, S. 26.

zur eigenen Persönlichkeit und in die soziale und kulturelle Welt. Ist nun aber nur die Erziehung der einzig wichtige Faktor bei der Entwicklung eines Menschen?

3. Der Anlage-Umwelt-Konflikt

Bei der uralten Kontroverse über den Einfluss von Anlage und Umwelt auf die Entwicklung des Menschen geht es darum, ob mehr die Anlagen, also unsere genetische Ausstattung, oder eher unsere Umwelt (und somit auch die menschliche Erziehung) eine Rolle bei unserer Entwicklung spielen.

Unter „Anlagen" versteht man „die genetische Ausstattung eines Lebewesens, die bei der Befruchtung festgelegt wird."[2] Dagegen wird der Begriff „Umwelt" definiert als „alle direkten und indirekten Einflüsse, denen ein Lebewesen von der Befruchtung der Eizelle (= Empfängnis) bis zu seinem Tode von außen her ausgesetzt ist."[3] Insbesondere die kulturelle und soziale Umwelt sind für die Entwicklung des Menschen von Bedeutung.

Der sogenannte pädagogische Pessimismus geht davon aus, dass die Anlagen der einzige Entwicklungsfaktor sind und „der Mensch [...] überhaupt nicht erziehbar [sei]"[4], sodass hier im Extremfall sogar von einer „Ohnmacht der Erziehung"[5] gesprochen wird. Bei der menschlichen Entwicklung spielen lediglich endogene Faktoren eine Rolle. Die Gegenposition zum pädagogischen Pessimismus stellt der pädagogische Optimismus dar, welcher besagt, „dass der Mensch zunächst einem unbeschriebenen Blatt gleicht. Mit einer entsprechenden Umwelt könnte man aus ihm jedoch alles machen – die genetischen Grundlagen hätten keinen Einfluss."[6] Grundaussage des pädagogischen Optimismus ist somit, dass die Erziehung grenzenlose Erfolgsmöglichkeiten hat und ausschließlich exogene Faktoren an der Entwicklung des Menschen beteiligt sind; man spricht auch von einer „Allmacht der Erziehung"[7]. Trotz dieser beiden radikalen Gegenpositionen stimmen „[a]lle zeitgenössischen Forscher [...] darin überein, dass sowohl Vererbung als auch die Umwelt an jedem Aspekt der Entwicklung beteiligt sind."[8]

---

[2]Altenthan 2008, S. 56.
[3]Ebd.
[4]März 1980, S. 12.
[5]Ebd., S. 13.
[6]Heppner 2013, S. 3.
[7]März 1980, S. 68.
[8]Berk 2005, S. 92.

Das Zitat *„Was du bist hängt von drei Faktoren ab: Was du geerbt hast, was deine Umgebung aus dir machte und was du in freier Wahl aus deiner Umgebung und deinem Erbe gemacht hast."* von Aldous Huxley zeigt jedoch sehr gut, dass der Mensch nicht nur abhängig von Anlage und Umwelt ist, sondern zugleich ein selbstaktives Wesen, welches gezielt die eigene Entwicklung mitbestimmen kann.

Somit stellen Anlage, Umwelt und Selbststeuerung wichtige Faktoren für die Entwicklung des Menschen dar, welche miteinander in einem komplexen Wechselspiel stehen. Was passiert jedoch, wenn dieses Wechselspiel unterbrochen wird und seit Geburt an der Faktor Umwelt und infolgedessen auch jegliche menschliche Erziehung fehlt? Können die genetisch bedingten Anlagen diesen Mangel ausgleichen?

4. Wilde Kinder

4.1 Allgemeine Einführung und Merkmale

Kommen wir nochmals auf die eben gestellte Frage zurück: Können fehlende Umwelteinflüsse alleine durch die genetischen Anlagen ausgeglichen werden? Um diese Fragestellung beantworten zu können, wäre eine sogenannte Deprivationsstudie nötig. Das bedeutet, dass ein Kind bzw. ein Säugling keinerlei Umwelteinflüssen ausgesetzt wird, keine Erziehung erfährt und sich somit nur auf Basis seiner Anlagen entwickelt. Im schlimmsten Fall werden von Geburt an „fast alle Umwelteinflüsse außer der lebensnotwendigen Nahrung für eine mehr oder weniger umfangreiche Zeitspanne vorenthalten" [9]. Glücklicherweise dürfen beim Menschen solche Versuche aus ethischen Gründen nicht durchgeführt werden. Jedoch finden sich in der Geschichte immer wieder Fälle, „aus denen sich die schlimmen Folgen mangelnder oder unzureichender Erziehung [...] aufs neue ablesen lassen" [10]. Bei diesen Fällen handelt es sich um Kinder, „die außerhalb jeder menschlichen Gesellschaft entweder mit Tieren oder völlig isoliert [oder eingesperrt] und folglich ohne jede menschliche Erziehung aufgewachsen sind." [11] Aufgrund dieser Tatsache werden sie auch als „wilde Kinder" oder „Wolfskinder" bezeichnet.

Die meisten wilden Kinder weisen ähnliche Merkmale auf; die häufigsten Verhaltensweisen darunter sind folgende:

---

[9]Lohaus / Vierhaus 2013, S. 53.
[10]März 1978, S. 171.
[11]Malson / Itard / Mannoni 1972, S. 2.

- kein aufrechter Gang
- keine (menschliche) Sprache
- Unempfindlichkeit gegen Kälte und Hitze
- aggressives Verhalten
- unausgeprägtes Sozialverhalten
- unfähig zu kauen
- stark ausgeprägte Sinnesorgane
- Furcht vor Menschen
- Unterernährung

Wachsen Kinder unter Tieren auf, zeigen sie zudem animalisches Verhalten: Sie geben tierische Laute von sich, essen gerne rohes Fleisch und haben scharfe Schneidezähne. Insgesamt sind wilde Kinder somit nicht nur in motorischen oder sprachlichen Bereichen, sondern auch in kognitiven, sozialen und emotionalen Komponenten in ihrer Entwicklung zurückgeblieben.

4.2 Fallbeispiele

In den vergangenen Jahrhunderten sind kaum mehr als fünfzig Fälle von wilden Kindern verzeichnet worden. Viele Fälle haben sich als Lüge oder Gerücht entpuppt, andere dagegen sind nur sehr spärlich dokumentiert. Im Folgenden sollen nun die drei wilden Kinder Victor von Aveyron, Genie und Kaspar Hauser vorgestellt werden, da diese Fälle äußerst gut dokumentiert sind.

4.2.1 Victor von Aveyron

Einer der bekanntesten Fälle von Wolfskindern stellt Victor von Aveyron dar, auch bekannt unter dem Namen „Le Sauvage de l´Aveyron" (auf Deutsch: „Der Wilde von Aveyron"). Im Jahre 1797 sichteten Bauern in einem Wald in Südfrankreich einen nackten Jungen und nahmen ihn fest. Der Junge konnte sich aber aus der Gefangenschaft befreien und entkommen. Einige Zeit später wurde er nochmals entdeckt und an eine Witwe übergeben, jedoch gelang ihm erneut die Flucht. Am 8. Januar 1800 tauchte der etwa zwölf bis fünfzehn Jahre alte Junge namens Victor dann – von Hunger getrieben – im Ort Aveyron auf und wurde kurz darauf dem Professor Pierre-Joseph Bonnaterre in Rodez übergeben, welcher Studien über das wilde Kind durchführte. Viele Wissenschaftler witterten in Victor eine einmalige Chance. „Jetzt, hofften viele, muß sich zeigen, wie der Mensch im Naturzustand beschaffen ist, der Mensch minus alle Zivilisation; jetzt muß sich auch zeigen, was gründliche Erziehung alles aus einem Menschen machen kann."[12]

Victor zeigte die „üblichen" Merkmale von wilden Kindern, beispielsweise konnte er nicht sprechen, dafür stieß er unartikulierte Schreie aus. Zudem war er sehr misstrauisch. „Besonders argwöhnisch verhielt er sich gegenüber Kindern. [...] Boshaftigkeit und Mutwilligkeit waren ihm fremd. Aber er

---

[12]Zimmer 1989, S. 29.

zeigte auch keine Gefühle der Dankbarkeit, des Mitleids oder der Scham."[13] Überdies verrichtete er anfangs seine Notdurft überall, wo immer er gerade zugegen war. „Was seinen Verstand anging, so attestierte ihm Professor Bonnaterre, daß es dem Jungen keineswegs völlig an Intelligenz, Denkvermögen und Vernunft mangele."[14] Dagegen war Philippe Pinel, Psychiater und Leiter der Irrenanstalt Bicêtre, der Ansicht, dass Victor schwachsinnig sei und somit „ein hoffnungsloser Fall"[15], bei dem Erziehung nichts bewirken könne. Ab Dezember des Jahres 1800 wurde Victor an den Arzt und Taubstummenlehrer Jean Marc Gaspard Itard in Paris übergeben, welcher sich um die Erziehung Victors kümmern sollte. Itard „hatte die feste Überzeugung, daß diese Form sozial erzeugter Idiotie heilbar und der Wilde erziehbar sei." [16] [17] Ihm zufolge ist somit der zurückgebliebene Entwicklungsstand von Victor einzig und allein auf sein isoliertes Aufwachsen zurückzuführen. Itard versuchte vor allem, die Sprache Victors zu fördern, ihm Regeln beizubringen und ihn in die Gemeinschaft einzugliedern.

Doch was waren nun die Ergebnisse und Erkenntnisse dieses Erziehungsexperiments? „Seine Gemütsbewegungen zu zeigen, sich mit Gesten und Aktionen verständlich zu machen, lernte Victor im Lauf der Jahre ganz gut."[18] Aber die vielen Sprechübungen zeigten kein Erfolg: Victor war nicht im Stande, die gesprochene Sprache zu lernen. Zudem war die Integration in die Gesellschaft nicht erfolgreich, was jedoch auch daran liegen könnte, dass Itard, anstatt den Jugen in die Gemeinschaft einzugliedern, ihn vielmehr von ihr isolierte, indem er ihn fast ausschließlich in seinem „Erziehungslabor" aufwachsen ließ und Victor somit kaum Kontakt zur Gesellschaft aufbauen konnte. Schließlich gab Itard im Jahre 1806 seine Erziehungs- und Sprachlehrversuche auf. Victor brachte ihm in seiner Forschung keine Erfolge mehr und übergab ihn aufgrund dessen an seine Haushälterin, welche sich bis zu seinem Tod um ihn kümmerte.

4.2.2 Genie

Man könnte annehmen, solche Fälle von wilden Kindern sind in unserer heutigen zivilisierten Gesellschaft nicht mehr möglich. Leider gibt es dennoch immer wieder Vorkommnisse, die uns das Gegenteil beweisen. Ein ziemlich gut dokumentierter Fall des 20. Jahrhunderts stellt das Mädchen Genie dar. Im November des Jahres 1970 tauchte sie mit ihrer Mutter, eine schwache, unselbstständige und zudem fast blinde Frau, welche von ihrem Mann unterdrückt wurde, auf dem Sozialamt in Los Angeles auf, um dort um Hilfe zu bitten. Wegen des tyrannischen und irrsinnigen Vaters war Genie „[z]wölf Jahre lang gefesselt und eingeschlossen und ohne menschlichen

---

[13]Koch 1997, S. 17.
[14]Ebd., S. 17 f.
[15]Ebd., S. 19.
[16]Ebd., S. 24.
[17]Vgl. ebd., S. 11 ff.
[18]Zimmer 1989, S. 31.

Umgang"[19]. Kurz darauf wurde aufgrund von Kindesmisshandlung ein Gerichtsverfahren gegen Genies Eltern eingeleitet. Der Mutter wurde ein Freispruch gewährt, der Vater begang Selbstmord und hinterließ einen Zettel mit den Worten „Ihr werdet nie verstehen."[20]. Mit diesen Worten wird er Recht behalten – es ist kaum nachvollziehbar, wie ein Mensch zu solchen Gräueltaten fähig ist.

Genie wies – wie Victor von Aveyron – die typischen Merkmale eines wilden Kindes auf: Sie konnte beispielsweise kaum aufrecht gehen, war viel zu klein, unterernährt und „beherrschte ihren Stuhlgang nicht"[21]. Zudem schien sie immun zu sein gegen Kälte und Hitze. „Ihre Reife entsprach bei der Befreiung der eines einjährigen Kindes."[22] Auch konnte Genie nicht sprechen, denn während ihrer Zeit als „Gefangene" durfte niemand mit ihr reden und sie selbst nicht einmal das leiseste Geräusch von sich geben. Verhielt sie sich nicht still, wurde sie von ihrem Vater geprügelt. Auch bei Genie stellte man sich die Frage, ob sie nicht von Geburt an geistig zurückgeblieben war und ob sie noch erziehbar ist. Viele Wissenschaftler sahen in Genie die einmalige Chance, um dies herauszufinden. Es brach ein Streit um Genie aus – jeder Forscher wollte möglichst viele eigene Erkenntnisse gewinnen. Die Linguistin Susan Curtiss bekam die Möglichkeit, Genie zum Studienobjekt ihrer Doktorarbeit zu machen. Nach einigen Monaten Sprachunterricht machte Genie allmählich Fortschritte und konnte die Dinge in ihrer Umgebung benennen. Wie alle anderen Kinder auch machte Genie die normalen Sprachstadien durch: „Einwortsätze, Zweiwortsätze, längere Sätze. Aber alles dauerte sehr viel länger bei ihr, und die normale Sprachexplosion fand niemals statt."[23] Genies Sprache blieb rudimentär, ihre Äußerungen waren meist ungrammatikalisch und beinhalteten kaum mehr als drei Worte. Vier Jahre lang lebte Genie bei David Rigler, der gleichzeitig ihr Pflegevater, Therapeut und Untersucher war. Genie ging es gut bei Rigler und „sie lernte, machte Fortschritte, wurde langsam immer menschenähnlicher."[24] Als dieser jedoch keine weiteren Fördergelder für seine Forschung bekam, wollte er Genie nicht mehr als Pflegekind behalten und ließ sie fallen. Sie musste zu ihrer leiblichen Mutter zurück, welche jedoch mit Genie überfordert war und sie kurz darauf in eine Pflegefamilie gab. Obwohl Genie mehr oder weniger Sprechen gelernt hatte, fiel sie wieder zurück in ihre Stummheit, da sie von dieser Pflegefamilie – genau wie von ihrem leiblichen Vater – geschlagen wurde und somit ihre traumatischen Erinnerungen wiederbelebt wurden. Nach verschiedenen Pflegefamilien kam Genie in ein Heim für behinderte Erwachsene. Was heute aus ihrem Schicksal geworden ist oder ob sie noch lebt, weiß niemand.

---

[19] Zimmer 1989, S. 22.
[20] Ebd.
[21] Ebd.
[22] Ebd.
[23] Zimmer 1989, S. 23.
[24] Ebd., S. 22.

4.2.3 Kaspar Hauser

Kaspar Hauser ist ein weiterer bekannter Fall von wilden Kindern. Dieser wurde 1828 in Nürnberg entdeckt. „Sein ganzes Wesen und Benehmen zeigte an ihm ein kaum zwei- bis dreijähriges Kind in einem Jünglingskörper."[25] Er behauptete, dass er zwölf Jahre lang in einem verschlossenen Kellerloch eingesperrt war und dass er diese Zeit nur im Liegen verbracht hätte. Angeblich lebte er völlig isoliert, ohne Menschen und ohne Sprache. „[N]ur in der Woche vor seiner Freisetzung habe er dreimal Sprech- und Schreibunterricht erhalten."[26] Und genau wie in den beiden zuvor genannten Fällen, so wurde auch Kaspar Hauser „[f]ür das gebildete Publikum [...] eine Gelegenheit, herauszufinden, welchen Beitrag die Erziehung zur Entwicklung des Einzelnen leistete."[27] Nach einer kurzen Zeit der Gefangenschaft wurde Kaspar von Georg Friedrich Daumer aufgenommen, welcher sich um seine Pflege und Erziehung kümmerte. Schon rasch zeigte sich, dass Kaspar ziemlich intelligent war und ein Talent für das Zeichnen und Musizieren besaß.

4.2.4 Vergleich von Victor, Genie und Kaspar

Der Fall von Genie weist ziemlich viele Parallelen zu Victor auf. Bei ihrer Entdeckung haben beide wilden Kinder die ähnlichen Defizite und Angewohnheiten. Beide können kaum aufrecht gehen, verrichten überall ihre Notdurft, sind unempfindlich gegenüber extremen Temperaturen, sind nicht dem Alter entsprechend entwickelt und beherrschen keine Sprache. Bei beiden fragte man sich, ob ein angeborener Schwachsinn vorhanden war und ob man sie erziehen und in die Gemeinschaft integrieren könnte. Sowohl Victor als auch Genie machten Fortschritte, aber vor allem im sprachlichen Bereich stießen sie an ihre Grenzen. Zunächst hatten unzählige Wissenschaftler Interesse an ihnen, sie sahen in den wilden Kindern eine einmalige Gelegenheit, ungeklärte Fragen über die Erziehbarkeit des Menschen herauszufinden. Als die Kinder jedoch keine neuen Erkenntnisse mehr brachten bzw. keine weiteren Forschungsgelder zur Verfügung standen, ließ das Interesse nach und sie wurden fallen gelassen. Sie wurden einzig und allein für unzählige Forschungsversuche und für die Karriere der Wissenschaftler benutzt. Victor verbrachte den Rest seines Lebens – von der Welt vergessen – bei der Haushälterin von Itard. Genie wurde in ein Heim für behinderte Erwachsene gesteckt. Einst waren die Kinder umzingelt von Forschern – aber keiner ist als Bezugsperson geblieben. Keiner kümmerte sich mehr um die weitere Entwicklung und Förderung der Kinder.

Die beiden Fälle von Victor und Genie sowie viele weitere, in dieser Arbeit nicht behandelte Fälle sozialer Deprivation, deuten darauf hin, dass beispielsweise ab einem bestimmten Alter kein vollständiger Spracherwerb mehr möglich ist. Davon abgrenzen lässt sich der Fall von Kaspar

---

[25]Von Feuerbach 1995, S. 12.
[26]Zimmer 1989, S. 40.
[27]Masson 1995, S. 345 f.

Hauser: Seine „Bewegungen waren [zwar] zu Anfang etwas unsicher und plump"[28], das Besondere an Kaspar war jedoch, dass diese Bewegungen völlig koordiniert waren und er zudem vereinzelte Sätze sprechen sowie seinen Namen schreiben konnte. Auch „verkehrte er mit den Menschen sehr bald, als sei er ihresgleichen."[29] Vergleicht man nun Kaspar Hauser mit den beiden zuvor geschilderten wilden Kindern ergibt sich die Frage, wie es sein kann, dass sich dieses Kind nach zwölfjähriger Isolation so schnell entwickeln konnte. Wie konnte Kaspar in nur drei Sprachlektionen (mehr oder weniger) Schreiben und Sprechen lernen? War er intelligenter oder begabter als die anderen wilden Kinder und machte deswegen so rasche Fortschritte, vor allem in der Sprache? Die vermutliche Antwort lautet: Nein. Das Geheimnis um Kaspar Hauser wurde zwar bis heute nicht vollständig gelüftet, dennoch bezweifeln unzählige Wissenschaftler bis heute, dass Kaspar zwölf Jahre lang isoliert gelebt hat. Es ist nämlich belegt, „dass das Gehirn in bestimmten Entwicklungsabschnitten spezifische Erfahrungen benötigt, um sich optimal entwickeln zu können."[30] Man geht davon aus, „dass die Hirnspezialisierung spätestens in einem Alter von 13 ½ Jahren weitgehend abgeschlossen ist."[31] Für die Sprache bedeutet dies, dass es in der kindlichen Entwicklung eine sensible Phase gibt, in dem der Spracherwerb besonders leicht fällt und das Gehirn besonders aufnahmefähig für den Sprachinput ist. Außerhalb dieses Zeitabschnitts – ungefähr nach Eintritt der Pubertät – ist ein Erstspracherwerb nur noch eingeschränkt möglich. Aufgrund dieser Erkenntnisse vermuten viele Forscher, dass Kaspar Hauser gelogen haben muss, denn bei seiner „Entdeckung" war Kaspar schon etwa sechzehn Jahre alt und somit weit über die sensible Phase hinaus. In diesem Alter ist es fast unmöglich, innerhalb einer Woche so viele sprachliche Fortschritte zu machen. Somit handelte es sich bei Kaspar Hauser – im Gegensatz zu Genie und Victor – wohl nicht um ein „richtiges" wildes Kind. Bei den anderen Fallbeispielen stellen viele Wissenschaftler auch die These auf, dass es sich „bei diesen Kindern [...] nicht um von wilden Tieren aufgezogene oder um in der menschlichen Isolation aufgewachsene, sondern vielmehr um von Geburt an geistig behinderte Menschen"[32] handeln würde. Andere Forscher vermuten, dass sich „die Missbrauchserfahrung [...] auf die spätere Fähigkeit zum Spracherwerb auswirken kann."[33] Jedoch konnte man anhand von Studien der Sprachkompetenzen von Immigranten belegen, dass insbesondere in der Kindheit die Fähigkeiten, um eine Sprache zu lernen, ausgeprägt sind[34] und die wilden Kinder aufgrund dessen ab einem bestimmten Alter kaum dazu in der Lage sind, eine Erstsprache zu erwerben.

---

[28]Zimmer 1989, S. 39.
[29]Ebd.
[30]Lohaus / Vierhaus 2013, S. 80.
[31]Ebd., S. 157.
[32]März 1978, S. 172.
[33]Lohaus / Vierhaus 2013, S. 157.
[34]Vgl. ebd.

5. Abschließende Überlegungen

Was wäre aus einem wilden Kind geworden, wenn es wie ein normales Kind mit menschlicher Erziehung aufgewachsen wäre? Was wäre passiert, wenn – wie in den Fällen von Victor und Genie – die Förderung und Unterstützung nicht abgebrochen worden wäre? Hätten sie irgendwann doch noch z.b. ein normales Sprachniveau erreicht? Was wäre aus den wilden Kindern geworden, wären sie als Mensch und nicht nur als Forschungsobjekt angesehen worden? Diese Fragen können leider nicht zufriedenstellend beantwortet werden.

Insgesamt ist es bei keinem der Kinder richtig gelungen, sie in die Gesellschaft einzugliedern. Die Abwesenheit von Menschen, Kultur und Erziehung in der frühen Kindheit hat zur Folge, dass das Hineinwachsen in die Gesellschaft ab einem bestimmten Zeitpunkt nicht mehr richtig funktioniert. Zudem führt ein frühes und langandauerndes Aufwachsen ohne menschliche Erziehung zu begrenzter Lernfähigkeit. Zwar können durch eine entsprechende Förderung gewisse Defizite behoben werden, jedoch längst nicht so viele, als dass man von einem normal entwickelten Kind sprechen könnte. Nach einer solch langen Isolationsphase tritt nicht der von vielen Wissenschaftlern erwünschte Naturzustand des Menschen hervor, sondern vielmehr „eine Mißbildung, auf deren Ebene jede Psychologie in Teratologie umschlägt." [35] Was für viele Menschen wie Schwachsinn aussieht, ist wohl einzig und allein das Ergebnis der sozialen Deprivation.

Die anthropologische Urfrage, inwieweit der Mensch nun durch Anlage oder Umwelt determiniert ist, bleibt wohl auch im 21. Jahrhundert immer noch weitestgehend unbeantwortet. Trotz vieler moderner Methoden, wie beispielsweise Zwillings- oder Adoptionsstudien, können solche komplexe Fragestellungen nicht eindeutig beantwortet werden. Dennoch kann aufgrund der Entwicklung von wilden Kindern konstatiert werden, dass sich der Mensch nicht nur auf Basis seiner Anlagen entwickeln kann, sondern dass er auch ein erziehungsbedürftiges Wesen ist. Er kommt als ein sogenannter „hilfloser Nestflüchter" [36] und als ein instinktreduziertes Wesen zur Welt und muss aufgrund dessen noch viel lernen. Die Tatsache, dass dem Mensch keine bzw. kaum Instinkte angeboren sind, kann man einerseits als ein Defizit und einen Mangel sehen. Andererseits bietet jedoch genau diese Unfertigkeit „den Ansatzpunkt für *menschliches* Lernen" [37]. Der Mensch ist ein sehr lernfähiges Wesen – und genau diese Lernfähigkeit muss durch eine entsprechende Erziehung und Anregung evoziert werden. An den Fallbeispielen der wilden Kinder kann man sehr gut die fatalen Folgen sehen, welche sich ergeben, wenn diese Lernfähigkeit nicht angeregt wird und keine menschliche Erziehung stattfindet. Der Mensch ist auf den Umgang mit anderen Menschen angewiesen. Ohne eine soziale und erzieherische Umgebung kann er sich nicht vollständig entwickeln. Kurz gesagt: Der Mensch ist erziehungsbedürftig.

---

[35] Malson / Itard / Mannoni 1972, S. 10.
[36] März 1978, S. 31.
[37] Ebd., S. 32.

6. Literatur- und Quellenverzeichnis

Altenthan, S.: Pädagogik. Troisdorf 2008.

Berk, L.E.: Entwicklungspychologie. München 2005.

Bohl, T.: Einführung in die Schulpädagogik. Tübingen Wintersemester 2011/2012.

Heppner, K.: Entwicklungsfaktoren. Zwillingsforschung. Rottenburg am Neckar 2013.

Koch, F.: Das Wilde Kind. Die Geschichte einer gescheiterten Dressur. Hamburg 1997.

Lohaus, A. / Vierhaus, M.: Entwicklungspsychologie des Kindes- und Jugendalters für Bachelor. Heidelberg 2013.

Malson, L. / Itard, J. / Mannoni, O.: Die wilden Kinder. Frankfurt am Main 1972.

Masson, J.M.: Kaspar Hauser will nicht sterben. Eine Erinnerung. In: Daumer, G.F. / Von Feuerbach, A. (Hrsg.): Kaspar Hauser. Frankfurt am Main 1995.

März, F.: Problemgeschichte der Pädagogik. Band I. Die Lern- und Erziehungsbedürftigkeit des Menschen. Bad Heilbrunn/Obb. 1978.

März, F.: Problemgeschichte der Pädagogik. Band II. Die Lernfähigkeit und Erziehbarkeit des Menschen. Bad Heilbrunn/Obb. 1980.

Pethes, N.: Zöglinge der Natur. Der literarische Menschenversuch des 18. Jahrhunderts. Göttingen 2007.

Pflug, A.: Bildung und Erziehung im Bereich der frühen Kindheit. Tübingen Sommersemester 2013.

Pflug, A.: Entwicklungskonzepte und -prozesse in der frühen Kindheit. Tübingen Sommersemester 2013.

Von Feuerbach, A.: Kaspar Hauser. Beispiel eines Verbrechens am Seelenleben des Menschen (1832). In: Daumer, G.F. / Von Feuerbach, A. (Hrsg.): Kaspar Hauser. Frankfurt am Main 1995.

Zimmer, D.E.: Experimente des Lebens. Über Wilde Kinder, Zwillinge, Kibbuzniks und andere aufschlussreiche Wesen. Zürich 1989.